Material & Werkzeug

Haarföhn

Embossing Pen

Heiß- oder Silikonkleber

Lineal

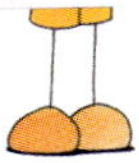
Zahnstocher

Bleistift

Außerdem:

- Strukturpasten und Strukturgele
- Magic ART Transferfolien und Folienkleber
- verschiedene Stempel (Heindesign)
- Sternenstaub (hochglänzendes Embossing-
- Pulver) und transparentes
- verschiedene Collage-Elemente
- Quarz- oder Vogelsand
- Serviettenlack
- verschiedene Papiere wie Strohseide, Naturpapier und Blumenseidenpapier Schreibpapier, Graphitpapier
- verschiedene Spachtel
- kleine Lackierrolle
- Bügeleisen und Backpapier
- Küchenrolle/ Küchenkrepp
- Wasserbehälter und Wassersprühflasche
- Pappteller als einfache Palette

Klebeband in unterschiedlicher Breite

Acrylfarben, Sprühfarben, Lackmaler

Pinsel in unterschiedlichen Stärken

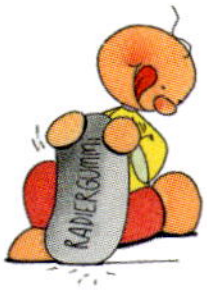

Radiergummi

Stempelkissen

Moosgummiplatten, DIN A4

Malmesser, Cutter

Schere

So wird's gemacht!

Motive übertragen

Das Graphitpapier mit der schwarzen Seite nach unten auf den Keilrahmen legen und mit Klebeband fixieren. Nun das gewünschte Vorlagenmotiv darauf positionieren und mit einem Bleistift die Linien nachziehen. Graphit lässt sich bei kleinen Patzern, anders als bei Blaupapier, wieder wegradieren.

Schablonen anfertigen

Das Motiv auf Moosgummi übertragen und mit einem Cutter sauber ausschneiden. Die Schablone kann mit Wasser gereinigt und somit wieder verwendet werden. Bei Schablonen, die voraussichtlich nur einmal benötigt werden, alternativ ein Stück Pappe oder ein Druckerblatt verwenden.

Arbeiten mit Strukturpasten und Strukturgelen

Strukturpasten und Strukturgele gibt es in vielen verschiedenen Ausführungen, von grob bis fein und mit ganz verschiedenen Füllstoffen angereichert. Die Pasten und Gele, je nach gewünschtem Effekt, mit einem Pinsel oder Spachtel auftragen. Mit feinen Pinseln, Spachteln oder zum Beispiel einer Gabel, können ganz nach Belieben Akzente gesetzt werden. Die Pasten und Gele lassen sich mit Acrylfarbe direkt einfärben oder anschließend bemalen. Strukturgel eignet sich außerdem hervorragend als Kleber für Collagen.

Farbebenen teilen/abkleben

Beim Abkleben bereits farbig gestalteter Flächen darauf achten, dass diese schon vollständig getrocknet sind. Anderenfalls wird die abgeklebte Farbe mit dem Klebeband eventuell wieder abgezogen. Das Klebeband entfernen, bevor die darüber gelegte Farbe oder Struktur trocken ist, da diese sonst ebenfalls mit abgehoben wird.

Servietten aufkleben oder aufbügeln

Das gewünschte Motiv aus der Serviette ausschneiden. Nur die oberste bedruckte Lage auf der Leinwand positionieren und mit einem Pinsel vorsichtig Serviettenlack darüber streichen. Arbeiten Sie dabei mit der Fläche des Pinsels und nicht mit den Borstenspitzen.

Alternativ lassen sich Servietten auch aufbügeln, was sich bei großen Flächen empfiehlt. Streichen Sie den Serviettenlack auf die spätere Serviettenposition und lassen ihn trocknen. Nun das Motiv auflegen und mit Backpapier abdecken. Mit einem auf Baumwolltemperatur erwärmten Bügeleisen kurz darüber bügeln. Nach dem Abkühlen noch mal mit Serviettenlack versiegeln.

Papiere aufkleben

Papiere jeder Art, insbesondere auch schwere Papiere, mit transparentem Strukturgel aufkleben. Hierzu bestreichen Sie die gewünschte Stelle dünn mit dem Gel und lassen es kurz antrocknen. Das Papier auflegen und von der Mitte nach außen glatt streichen.

Farben und Pasten mischen

Zum Mischen einen Pappteller als Palette verwenden, der nach Gebrauch einfach zu entsorgen ist.

Die zu mischenden Farben mit etwas Abstand in kleinen Mengen auf den Pappteller geben. Die Farben immer nur langsam miteinander vermischen, bis der gewünschte Farbton erreicht ist. Bei Farb-Sand-Mischungen den Sand langsam in die Farbe geben und mit einem kleinen Spachtel vermengen, bis die gewünschte Konsistenz erreicht ist. Ebenfalls mit wenig Sand beginnen.

Farbverläufe

Für schöne Farbverläufe die entsprechenden Farben direkt aus der Tube/Flasche in Streifen auf die Leinwand auftragen und nass ineinander vermalen. Bei großen Flächen die Farbe mithilfe einer Wassersprühflasche feucht halten, damit sie länger vermalbar bleibt. Auch mit einem Schwamm, mit dem man die Farben ineinander tupft, lassen sich schöne Farbübergänge erzielen. Experimentieren Sie einfach mit verschiedenen Werkzeugen, wie zum Beispiel einer Lackierrolle auf einem Stück Karton.

Lasieren

Eine Lasur ist ein transparenter Farbauftrag mit stark wasserverdünnter Acrylfarbe. Die darunter liegende Farbschicht wird so entweder aufgehellt oder abgedunkelt, und es entstehen je nach Farbkombination ganz neue Farbtöne. Für Lasuren weiche Pinsel verwenden.

Sprühfarben

Mit Sprühfarben lassen sich sehr schöne Effekte erzielen. Üben Sie den Umgang mit der Farbe auf einem Kartonstück. Dabei den Abstand zum Kartonstück, sowie den Fingerdruck auf den Sprühkopf variieren. So entstehen ganz unterschiedliche Ergebnisse. Der Arbeitsbereich sollte dabei immer ausreichend abgedeckt sein. Sprühfarbe reicht weiter, als man es mit dem bloßen Auge sieht. Achten Sie auch unbedingt auf ausreichende Belüftung.

Selbstgegossene Collage-Elemente

Der Fachhandel hält eine Vielzahl an Gießformen und -massen in Pulverform bereit. Das Pulver laut Herstellerangaben mit Wasser verrühren und in die Form gießen. Das Motiv bereits nach einer kurzen Aushärtezeit der Form entnehmen. Das so entstandene Dekorationsteil mit Heißkleber oder Strukturgel aufkleben.

Stempeln, Embossing

Für erhabene Schriften und Stempelabdrucke benötigt man ein transparentes Stempelkissen oder einen Embossing Pen. Beides hinterlässt einen klebrigen Film. Sternenstaub (Embossing-Pulver) in gewünschter Farbe darüber streuen und überschüssiges Pulver wegpusten. Das Motiv nun mit einem Heißluftgerät oder über einem Toaster erhitzen, sodass das Pulver zu einer erhabenen Farbschicht verschmilzt. Dabei auf ausreichenden Abstand achten.

Schutzschicht

Um lange Freude an Ihrem Bild zu haben, empfiehlt es sich, es mit klarem Acrylspray zu versiegeln. Gerade bei Bildern, die in der Küche hängen sollen, ist es von Vorteil, wenn man sie bei Bedarf feucht abwischen kann und die Farben oder Collagenmotive geschützt sind.

Herzballons

Material
- Keilrahmen, 40 x 60 cm
- Acrylfarben: blau, weiß, schwarz, hellgrün, dunkelgrün, rot, gelb, braun
- Acryl-Fadengel
- Strukturgel: Fasermix, Glasperlen

Zuerst die Leinwand vollständig mit einer Mischung aus den Farben Blau und Weiß grundieren. Nach dem Trocknen das Motiv vom Vorlagenbogen auf die Leinwand übertragen.

Mit einem Schwämmchen wenig Weiß aufnehmen, die Farbe an einem Tuch wieder abstreifen, bis kaum noch Farbe am Schwamm verbleibt, und damit Wolken auftupfen. Die Herzen mit wasserverdünntem Rot ausmalen und nach dem Trocknen nochmals mit unverdünnter Farbe kolorieren. Dabei Rot und Weiß nass ineinander malen. Über den trockenen Farbauftrag eine rote Lasur streichen.

Mit einem trockenen Pinsel im Wechsel hell- und dunkelgrün aufnehmen, die Farbe an einem Tuch wieder abstreifen und die Gräser andeuten. Mit einem feinen Pinsel und verdünntem Braun die Ballonschnüre malen. Färben Sie jeweils eine kleine Menge Fadengel hell- und dunkelgrün ein. Mit der Farbgelmischung die Gräser ausarbeiten. Hierzu mit der Kante eines Malmessers das eingefärbte Gel im Wechsel von unten nach oben auf die Leinwand ziehen.

Das Fasermixgel mit Weiß mischen und damit die Blütenblätter gestalten. An den Übergängen von Blatt zu Blatt jeweils eine winzige Pinselspitze Schwarz in die feuchte Farbe geben. Zuletzt mit einem Pinsel die Farben Weiß und Orange in die Blütenmitten tupfen und nach dem Trocknen mit dem Glasperlen-Strukturgel übermalen.

Glanz und Glimmer

Herzen auf Schachtelmuster

Material
- Keilrahmen, 30 x 60 cm
- Acrylfarben: gelb, grün, weiß
- Strukturpaste
- Streuflimmer: grün, gelb
- Folienkleber
- Klebeband

Zu Beginn laut Abbildung mithilfe eines Bleistiftes und eines Lineals ein Schachtelmuster auf die Leinwand zeichnen. Die Flächen in verschiedenen Mischtönen aus den Farben Gelb und Weiß, Grün und Weiß, sowie reinem Gelb und Grün bemalen. Hierzu die Farbflächen, die später den selben Farbton haben sollen, mit Klebeband abteilen, anmalen und trocknen lassen. Erst dann die nächsten Flächen mit Klebeband abteilen. Anschließend vier Herzen mit Strukturpaste aufmalen. In die noch feuchte Paste die jeweilige Farbe malen und dabei mit dem Pinsel eine Struktur gestalten. Zuletzt jedes Feld und die Herzen mit Folienkleber umranden und Flimmer einstreuen. Richten Sie sich bei der Wahl der Flimmerfarben nach den Farben der umschlossenen Flächen. Den überschüssigen Flimmer abschütten.

Grüne Herzen auf Gelb

Material
- Keilrahmen, 30 x 30 cm
- Acrylfarben: gelb, grün, weiß
- Strukturpaste
- Streuflimmer: grün, gelb
- Folienkleber
- Klebeband

Teilen Sie die Leinwand in sechs senkrechte, je 5 cm breite Streifen und kolorieren diese im Wechsel mit gelber Farbe und einem Mischton aus Weiß und Gelb. Nach dem Trocknen mit Strukturpaste ein Herz in die Mitte der Leinwand malen. Dabei klein anfangen und immer größer werden. So wird das Herz schön gleichmäßig. In die noch feuchte Strukturpaste grüne Farbe malen und dabei mit dem Pinsel eine Struktur einarbeiten. Die kleinen, in den Bildecken hervorschauenden Herzen ebenso gestalten. Mit Folienkleber die Streifenseiten nachziehen und gelben Flimmer einstreuen. Schütten Sie den überschüssigen Flimmer auf ein Papier und geben ihn zurück ins Döschen. Zuletzt die Herzen mit Folienkleber umranden und grünen Flimmer einstreuen.

GIN
BOURBON
SCOTCH
WHISKY
JUS DE
CITRON
VERMOUTH
DOUX

Fliegende Herzen

Love is in the air...

Material
- Keilrahmen, 30 x 60 cm
- Acrylfarben: weiß, blau
- weiße Sprühfarbe
- Strukturpaste
- MDF Elemente: „Herz", „Flügel"
- Papier, DIN A4

Zu Beginn das Herz und die Flügel weiß grundieren. Auf die gesamte Leinwand Strukturpaste spachteln und möglichst glatt ziehen. Den Schriftzug unten rechts mit einem Pinselstiel einziehen und das Herz sowie die Flügel gemäß Abbildung in die noch feuchte Paste drücken. Nach dem Trocknen den Hintergrund blau und weiß bemalen. Hierbei die Farben nass ineinander malen. Das Papier in Wellenlinien zerreißen. Legen Sie die Streifen auf das Bild und sprühen Sie mit der weißen Sprühfarbe kurz über die gerissene Kante. Wechseln Sie dabei zwischen den Papierstücken. So entsteht eine Wolkenstruktur. Aus den Farben Blau und Weiß ein Hellblau mischen und die Flügelkonturen damit bemalen. Das Herz blau kolorieren und dabei zur rechten Hälfte hin Weiß dazu nehmen. Die Schrift mithilfe eines feinen Pinsels mit verdünntem Blau ausmalen. Zuletzt mit einem trockenen Pinsel ohne Druck weiße Farbe auf die Flügel streichen. So gelangt die Farbe nicht in die Vertiefungen.

Fliegendes Herztrio

Material
- 2 Keilrahmen, 30 x 40 cm
- 3 Malkartons : 1 á 5 x 5 cm, 2 á 10 x 10 cm
- Acrylfarben: blau, weiß
- weiße Sprühfarbe
- 2 Motivservietten „fliegende Herzen"
- Quarzsand
- Papier, DIN A4

Zuerst beide Leinwände mit waagerechten, unregelmäßigen Pinselzügen nass in nass mit weißer und blauer Farbe kolorieren. Dabei hin und wieder etwas Sand mit vermalen. Reißen Sie zwei Blätter Papier bogenförmig in zwei Hälften. Für die Wolkenstruktur eines der Papiere auf die Leinwand legen und ein wenig weiße Farbe über die gerissene Seite sprühen. Zwischen den gerissenen Papieren wechseln. Die Malkartons mit den Serviettenmotiven einer Serviette laut Abbildung bekleben. Dabei die Kanten ebenfalls gestalten. Aus der zweiten Serviette die Herzen ausschneiden und die weißen Lagen der Zuschnitte entsprechend der späteren Motivposition locker auf die Leinwand legen. Den jeweils passenden Malkarton darüber legen. Ziehen Sie die Serviettenmotive solange zurecht, bis sie mit den Malkartons, die parallel zu den Bildseiten liegen sollen, genau übereinstimmen. Die weißen Lagen mit Serviettenlack fixieren und mit verdünntem Weiß übermalen. Nach dem Trocknen die farbigen Zuschnitte passgenau aufkleben. Zuletzt die Malkartons auf die Leinwand kleben.

love is in the air.

Dekorative Mitteilungen

Nachricht für Dich

Material
- Keilrahmen, 30 x 40 cm
- Acrylfarben: gelb, rot
- Strukturgel
- Mosaiksteine: korallenrot, orange
- MDF Element „Doppelherz"
- Embossing Pen
- roter Sternenstaub (Embossingpulver)
- oranges Taschenband, 7 cm breit, 40 cm lang

Zu Beginn aus den Farben Gelb und Rot ein Orange mischen und die Leinwand im waagerechten Farbverlauf von Orange nach Rot grundieren. Das Doppelherz rot kolorieren. Anschließend auf den rechten Bildrand Strukturgel auftragen und die Mosaiksteine gemäß Abbildung in das Gel drücken. Links daneben mit wenig Strukturgel das Taschenband aufkleben und auf der Bildrückseite oben und unten festkleben oder -klammern. Den Schriftzug laut Grundanleitung auf die Leinwand übertragen, mit einem Embossing Pen nachziehen und mit rotem Sternenstaub bestreuen. Den Überschuss abpusten und den verbleibenden Staub kurz erhitzen. Zuletzt das Doppelherz aufkleben.

Tipp: Ersetzen Sie den Textvorschlag durch eigene Worte. Alternativ kann die Schrift auch mit rotem Lackmaler geschrieben werden.

Herz in Gold

Material
- Keilrahmen, 30 x 40 cm
- 4 Malkartons, 5 x 5 cm
- Pappstreifen, ca. 2 cm breit
- Papier, DIN A4
- Acrylfarben: rot, gelb
- Strukturgel
- goldene Magic Art Transferfolie
- Folienkleber
- goldener Lackmaler

Zu Beginn auf die gesamte Leinwand Strukturgel auftragen und mit einem ca. 2 cm breiten Pappstreifen von innen nach außen eine kreisförmige Struktur einarbeiten. Die Malkartons rot anmalen. Nun einen gelben Farbklecks mittig auf die Leinwand geben und diesen im Kreis verlaufend von innen nach außen vermalen. Dabei immer mehr Rot dazu nehmen, sodass ein Farbverlauf entsteht. Auf zwei Malkartons mit einem Lackmaler Ihren Wunschtext schreiben. Anschließend aus Papier eine Negativschablone eines Herzens anfertigen. Diese in der Kreismitte positionieren und mit Strukturgel ausspachteln. Die Schablone entfernen und nach dem Trocknen das Herz rot anmalen. Zuletzt mit Folienkleber je ein Herz auf die verbleibenden Malkartons malen und laut Abbildung das große Herz mithilfe eines Spachtels ebenfalls mit Folienkleber versehen. Die Transferfolie gemäß Herstellerangaben auf dem Folienkleber anbringen. Zum Schluss die kleinen Malkartons am rechten Bildrand anordnen und fixieren.

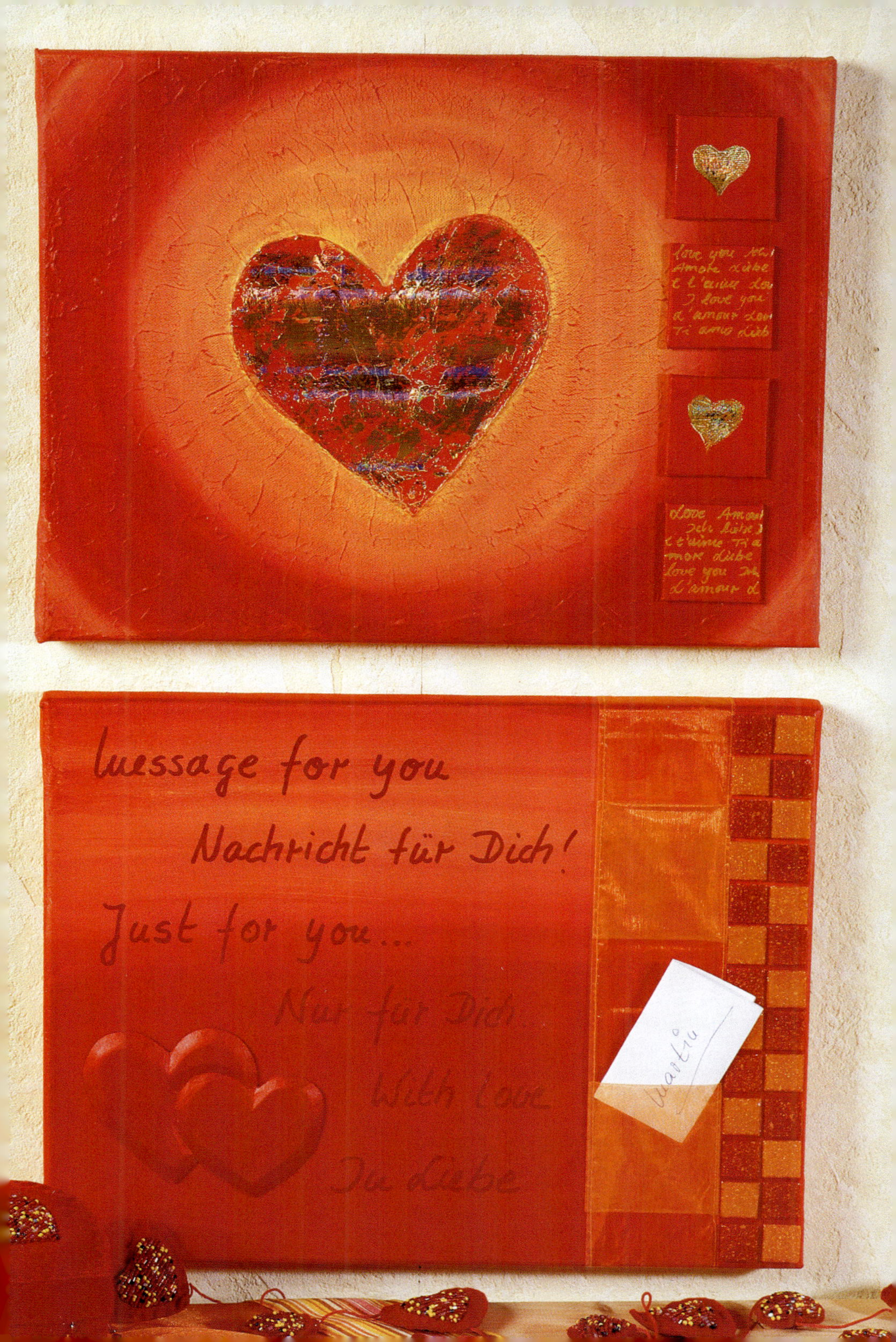
Message for you
Nachricht für Dich!
Just for you...
Nur für Dich
With love
In Liebe

Rot und weiß

You and me

Material

- Keilrahmen, 30 x 60 cm
- Acrylfarbe: rot, weiß
- Strukturpaste
- Holzbuchstaben, Höhe 8 cm: „E", „M", „O", „U", „Y", „&"
- Herzgießform
- Reliefgießmasse
- Klebeband

Gießen Sie zunächst sechs Herzen gemäß Herstellerangaben und entformen diese. Nun drei Herzen und die Buchstaben „Y", „O" und „U" weiß bemalen. Die restlichen Herzen und Buchstaben rot kolorieren. Markieren Sie mithilfe von Bleistift und Lineal die waagerechte Mitte der Leinwand und bemalen die obere Hälfte mit roter Farbe. Nach dem Trocknen die Mitte abkleben und auf den unteren Bereich Strukturpaste auftragen. Die roten Buchstaben und Herzen gemäß Abbildung vorsichtig in die noch feuchte Paste setzen. Zuletzt die weißen Herzen und Buchstaben aufkleben.

Roter Spiegel

Material

- Keilrahmen, 30 x 30 cm
- Acrylfarbe: rot, weiß
- Strukturpaste
- weiße Window-Color-Konturenfarbe
- Satinierfarbe: weiß, rot
- Spiegelfliese, 15 x 15 cm
- Zierrandschere
- weißes Papier, DIN A4

Zuerst die Fliese mittig auf der Leinwand platzieren und die Position mithilfe eines Bleistiftes markieren. Anschließend einige Hilfslinien für den Text ziehen und mit Window-Color-Konturenfarbe Ihren Wunschtext schreiben. Nach dem Trocknen die Leinwand zweimal rot kolorieren. Mit einem trockenen Pinsel ein wenig weiße Farbe aufnehmen und diesen an einem Tuch wieder abwischen, bis es fast scheint, als wäre keine Farbe mehr daran. Streichen Sie nun mit dem Pinsel über die Schrift. Mit einer Zierrandschere einen Bogen aus Papier schneiden und so auf die Fliese legen, dass nur die untere linke Ecke frei bleibt. Mithilfe eines Schwämmchens goldene Satinierfarbe auftupfen. Nach dem Trocknen die Schablone ca. 1 cm nach links unten versetzen und rote Satinierfarbe auftupfen. Anschließend die Spiegelfliese auf der Leinwand fixieren. Stellen Sie zwei Negativschablonen von unterschiedlich großen Herzen aus Papier her, positionieren diese laut Abbildung auf der Leinwand und spachteln die Herzen mit Strukturpaste auf. Nach dem Trocknen die Herzen rot anmalen.

Weißer Spiegel

Material

- Keilrahmen, 30 x 30 cm
- weiße Acrylfarbe
- weiße Window-Color-Konturenfarbe
- weiße Satinierfarbe
- Spiegelfliese, 15 x 15 cm
- weißes Papier, DIN A4
- weißer Sternenstaub
- Stempel: „Judi Kins Pünktchen Herzen"
- transparentes Stempelkissen

Den Hintergrund wie beim roten Spiegel beschrieben gestalten und die Leinwand anschließend weiß bemalen. Mit einer Zierrandschere einen Bogen aus Papier schneiden und damit die Fliese so abdecken, dass nur die untere, rechte Ecke frei bleibt. Mit einem Schwämmchen weiße Satinierfarbe auftupfen. Die Herzmotive gemäß Abbildung aufstempeln und weißen Sternenstaub darüber streuen. Überschüssiges Pulver entfernen und die Abdrucke erhitzen. Zuletzt die Spiegelfliese aufkleben.

Tipp: Alternativ können Sie die Herzen mit weißer Acrylfarbe aufmalen.

YOU
&ME
I love you Ich liebe Dich

Liebe

Material

- Keilrahmen, 40 x 60 cm
- weinrote Acrylfarbe
- Strukturpaste
- Strukturgel
- MDF Element „Herz"
- Potpourri (gepresste Blüten)
- rosa Naturpapier
- transparentes Blütenpapier
- Papier, DIN A4
- Klebeband

Zuerst die Leinwand weinrot grundieren. Das Herz mit Strukturpaste bespachteln und nach dem Trocknen ebenfalls weinrot bemalen. Das transparente Blütenpapier auf die senkrechte Mitte der Leinwand kleben. Hierzu dünn Strukturgel auftragen, das Blütenpapier auflegen und von innen nach außen glatt streichen. Fransen Sie die Ränder des Naturpapiers durch vorsichtiges Reißen ein wenig aus und kleben den Bogen links von der Bildmitte auf. Das Gedicht vom Vorlagenbogen auf Papier kopieren und mithilfe von Strukturgel auf das Naturpapier kleben. Zuvor den oberen und unteren Rand ebenfalls reißen.

Nun mit Klebeband jeweils rechts und links am Bildrand gemäß Abbildung einen 2 cm breiten Streifen abkleben und mit Strukturpaste austupfen. Dabei das Naturpapier aussparen. Das Klebeband wieder entfernen. Anschließend einen ca. 0,5 cm breiten Rahmen um das Gedicht herum abkleben und weinrot ausmalen. Entfernen Sie das Klebeband vorsichtig, um das Naturpapier nicht zu beschädigen. Das Potpourri mit Strukturgel in der oberen Ecke der Kopie festkleben. Zuletzt das Herz ebenfalls mit Strukturgel befestigen.

Liebe
Geh mit Deinem Herzen einfach los
Steig am Begeisterungsmeer auf der Freude Floß
Sieh Dir die Riffe der Reinheit an
Und halt an der Insel der Verliebten an.
Geh den Weg der wohligen Wonne
Und bieg ab an der Straße der Sonne.
An der Gabelung des Glaubens rechts
Sonst kommst Du zur Höhle des Wortgefechts.
Am Berg der Begeisterung vorbei
Lass Dich nicht irritieren von des Misstrauens Schrei.
Unter den Palmen des Vertrauens halt an
Und sieh Dir die Felder der Wärme an.
Nimm eine Blume der Hoffnung mit auf den Weg
Schenk sie dem Wächter vom einsamen Steg
Tauch Deine Hände in den Teich der Zärtlichkeit
Wenn Du jetzt durchhältst ist es nicht mehr weit.
Flieg mit den Flügeln der Fantasie
Über die Felsen der Ironie
Lande vor dem Tor der Zeit
Und mach Dich für den letzten Weg bereit.
Der Vogel des Vertrauens wird Dich begleiten
Und auf dem Schimmel der Sehnsucht wirst Du reiten.
Wenn Du dann noch durch das Tor der Treue gehst
Und dann vor der großen Liebe stehst
Dann geh behutsam mit ihr um
Sonst gehst Du den Weg wieder anders herum...!

Special Moments

Material

- Keilrahmen, 40 x 60 cm
- Acrylfarben: weiß, schwarz, rot
- Lackmaler: weiß, rot
- schwarzer Tonkarton
- rote Magic Art Transferfolie
- Folienkleber
- 8 Fotos (oder alternativ Farbkopien)

Kolorieren Sie den Hintergrund gemäß Abbildung schwarz und weiß. Hierzu die Farbebenen mit schwungvollen Pinselstrichen nebeneinander anlegen und die Übergänge nass ineinander malen. Die Schrift und das Herz vom Vorlagenbogen auf die Leinwand übertragen. Das Herz rot kolorieren und die Schrift mit einem roten Lackmaler nachziehen. Die breiten Bereiche der Schrift mit roter Acrylfarbe ausmalen. Anschließend mit einem Spachtel stellenweise Folienkleber auf das Herz und die Schrift geben und nach dem Trocknen die Transferfolie darauf abdrücken.

Die Filmrolle auf schwarzen Tonkarton übertragen und ausschneiden. Zum Ausschneiden der Platzhalter für die Fotos einen Cutter nutzen. Die Fotos einen halben Zentimeter größer als die Ausschnitte zuschneiden und von hinten an die Filmrolle kleben. Nun mit einem weißen Lackmaler die nachempfundenen Löcher der Rolle und den Wendepunkt andeuten. Zuletzt die Filmrolle auf die Leinwand kleben.

SPECIAL
MOMENTS

The spirit of love

Material

- je 2 Keilrahmen: 30 x 70 cm, 20 x 20 cm
- Strukturpaste
- Acrylfarbe: ocker, weiß, braun, schwarz
- Sprühfarbe: schwarz, braun
- 2 Blatt Papier, DIN A4
- Holzbuchstaben: „L“, „O“, „V“, „E“
- 2 Holzherzen, Ø 5 cm
- 4 Servietten „Serengeti cream“

Tragen Sie auf die beiden großen Leinwände großzügig Strukturpaste auf. Mithilfe einer Lackierrolle eine Struktur herausarbeiten und die Worte „the spirit of“ laut Abbildung mit einem Pinselstil einziehen. Die Holzbuchstaben und Herzen weiß kolorieren und trocknen lassen. Die kleinen Leinwände mit durch weiß aufgehelltes Ocker grundieren. Nun die beiden großen Leinwände ockerfarben anmalen und in senkrechter Richtung braune Farbe aufsprühen. Die Eckmuster mit Schwarz über die Kante eines A4 Blatts sprühen. Das Blatt dabei nach jedem Sprühstoß um einige Zentimeter versetzen.

Verdünnen Sie etwas Braun mit Wasser und malen Sie damit den Schriftzug nach. Dabei stellenweise eine Pinselspitze Schwarz mit hineinziehen. Zwei 15 x 15 cm große Papier-Vierecke mittig auf die kleinen Leinwände legen und über die Ränder nach außen Strukturpaste streichen. Das Papier vorsichtig wieder entfernen. Nach dem Trocknen die Servietten mit Serviettenlack auf die Strukturränder der kleinen Leinwände, die Herzen und die Buchstaben kleben. Schließlich gemäß Abbildung je ein Herz mittig auf die kleinen Leinwände kleben. Zuletzt die kleinen Leinwände und die Buchstaben auf den großen Leinwänden platzieren und mit Kleber fixieren.

the spirit of
LOVE

Flickenherz

Material

- Keilrahmen, 40 x 60 cm
- Acrylfarbe: braun, rot, gold, weiß
- Sand

Die weiße Farbe mit viel Sand vermischen und mithilfe eines breiten Pinsels dick auf die Leinwand auftragen. Mit einem Pinselstil oder der Rückseite eines Bleistiftes das Herz, den Flicken und die Stickstiche gemäß Abbildung in die noch feuchte Farbe ritzen. Gefällt Ihnen Ihr Herz nicht, können Sie alles mit dem Pinsel wieder glätten und neu beginnen. Das Ganze gut trocknen lassen.

Mit einer braunen Lasur das Herzinnere bemalen. Dazu sehr viel Wasser und wenig Farbe nutzen. Zur linken Herzhälfte hin etwas Rot dazugeben. Das Braun mit Weiß etwas aufhellen, stark mit Wasser verdünnen und den Bildhintergrund, sowie den Flicken damit lasieren. Den Flicken anschließend mit Gold und roter Lasur ausarbeiten. Zum Schluss mit einem dünnen Pinsel braune Farbe, jetzt nur mit sehr wenig Wasser verdünnt, direkt in die Vertiefungen malen.

Schön gespachtelt und gestempelt

Klein aber herzlich

Material
- 2 Keilrahmen, 20 x 20 cm
- Acrylfarben: dunkelrot, gelb
- Strukturpaste
- Papier, DIN A4
- Klebeband

Zuerst auf beide Leinwände Strukturpaste auftragen und glatt ziehen. Laut Grundanleitung von Seite 3-5 vier unterschiedlich große Negativschablonen von Herzen anfertigen. Die Schablonen auf den Leinwänden positionieren und die Herzen gelb und dunkelrot austupfen. Dabei beide Farben aufnehmen und ineinander tupfen, sodass Mischtöne entstehen. Zuletzt die Bildseiten so mit Klebeband abkleben, dass ein ca. 1,5 cm breiter Rand entsteht. Diesen dunkelrot und gelb kolorieren. Dabei zwischen den Farben wechseln, ohne den Pinsel zwischendurch zu reinigen, um schöne Mischtöne zu erlangen.

Herzen im Quadrat

Material
- Keilrahmen, 40 x 60 cm
- 12 Malkartons, 5 x 5 cm
- Acrylfarben: dunkelrot, gelb
- Strukturpaste
- Motivstempel: „Love is patient", „Herzliches Quadrat", „Pünktchen Herzen", „Herz"
- transparentes Stempelkissen
- weißer Sternenstaub (Embossing-Pulver)
- Klebeband

Zu Beginn Strukturpaste auf die gesamte Leinwand spachteln und diese in abwechselnd waagerechten und senkrechten Zügen strukturieren. Aus Rot und Gelb vier verschiedene Farbtöne mischen und die Malkartons im Wechsel damit bemalen. Nach dem Trocknen die Motive auf die Malkartons stempeln und mit Sternenstaub bestreuen. Das überschüssige Pulver abschütten, und die Motive kurz erhitzen, sodass der Sternenstaub schmilzt. Die Malkartons laut Abbildung auf der Leinwand fixieren. Nun mittels Klebeband einen ca. 1,5 cm breiten Bildrand abkleben und diesen gelb und dunkelrot bemalen. Wechseln Sie dabei zwischen den Farben, ohne den Pinsel zwischendurch zu reinigen, sodass Mischtöne entstehen.

Für immer Dein

Material

- Keilrahmen, 50 x 70 cm
- Acrylfarben: pink, weiß
- weiße Sprühfarbe
- Stoff-Versteifer
- weiße Pastellkreide
- T-Shirt
- Herzgießform
- Reliefgießmasse
- Klebeband
- Firnis oder farbloses Acrylspray

Zu Beginn laut Herstellerangaben ein Herz aus Reliefgießmasse gießen und nach dem Trocknen entformen. Nun das T-Shirt gut in Stoff-Versteifer tränken und auf die Leinwand modellieren. Das Herz auf dem Kleidungsstück positionieren und fest andrücken. Das Ganze mindestens einen Tag trocknen lassen. Anschließend den Hintergrund mit einem breiten Pinsel in Pink und Weiß gestalten. Hierbei die Farben nass in nass kreuz und quer ineinander malen. Nach dem Trocknen den Bildhintergrund um das T-Shirt herum sorgfältig abkleben. Die Stofffalten pink bemalen und das T-Shirt vollständig weiß besprühen. Den sichtbaren Rückenausschnitt pink gestalten. Für einen schönen Farbverlauf dabei stellenweise weiße Farbe hineinmalen. Das Herz ebenfalls vorsichtig pink kolorieren. Das Klebeband entfernen und mit weißer Pastellkreide abwechselnd „Forever yours" und „Für immer Dein" aufschreiben. Die Pastellkreide kann mit einem feuchten Tuch immer wieder weggewischt werden, bis Ihnen der Schriftzug gefällt. Zuletzt die Schrift mit einem leicht feuchten Pinsel noch einmal nachziehen, sodass die Linien weicher werden, und das Bild mit Firnis besprühen, um die Kreide zu fixieren.

Tipp: Gestalten Sie weitere „Materialbilder" mit Stoffen oder Kleidungsstücken. Verewigen Sie zum Beispiel das Lieblings-T-Shirt Ihres Kindes mit farbigen Handabdrücken im Bildhintergrund.

for ever yours...
für

Loveplanet

Material

- 2 Keilrahmen, 30 x 60 cm
- Acrylfarben: lila, pink, weiß
- perlmuttfarbene Seiden-Konturenfarbe
- silberner Streuflimmer
- 7 große Strass-Steine
- 8 kleine Strass-Steine
- je 1 Holzherz: Ø 8 cm, Ø 5 cm
- Folienkleber
- Zahnspachtel
- Zahnstocher

Zuerst beide Leinwände pink grundieren und trocknen lassen. Tragen Sie dann großzügig lila Farbe auf und malen stellenweise weiß hinein. Die Bildseiten dabei ebenfalls färben. Mithilfe einer Sprühflasche etwas Wassernebel aufsprühen und die Farbe nochmals vermalen, damit sie länger feucht bleibt. Mit einem Zahnspachtel laut Abbildung Kreise in die nasse Farbe ziehen bzw. kratzen. Die breiteren Linien mit einem Malmesser ziehen, für die dünnen Linien und den Schriftzug einen Pinselstil nutzen. Die Holzherzen lila kolorieren und mittig in die Kreise kleben.

Ziehen Sie nun mit der Konturenfarbe Linien um die Herzen und links oben in den Viertelkreis. Diese von innen nach außen mit einem Zahnstocher strahlenförmig auseinander ziehen. Für die Sterne je einen Punkt Konturenfarbe setzen und die Farbe ebenfalls mit einem Zahnstocher nach außen ziehen. In die noch nasse Konturenfarbe die großen Strass-Steine setzen. Die auffälligen, geschwungenen Linien mit der Konturenfarbe ziehen und gleich noch mal mit dem Malmesser nachziehen. Nach dem Trocknen laut Abbildung mit Folienkleber einige Spachtelkreise nachziehen und Flimmer einstreuen. Überschüssigen Flimmer wegpusten. Zuletzt kleine Strass-Steine mit Folienkleber an die Linienendpunkte kleben.

Tipp: Üben Sie das Ziehen von Mustern vorher auf einem Stück bemalter Pappe. Solange die Farbe feucht ist, können Sie die Muster immer wieder vermalen und neue Linien ziehen.

Love

Herz mit Schwung

Material
- Keilrahmen, 50 x 70 cm, extratief (3,5 cm)
- Acrylfarben: paynesgrau, weiß, silber
- 10er-Lichterkette

Zuerst die Leinwand mit paynesgrauer Farbe grundieren. Nach dem Trocknen das Motiv vom Vorlagenbogen auf die Leinwand übertragen und die Streifen gemäß Abbildung ausmalen. Für die Farbverläufe die Farben nass ineinander malen und dabei stellenweise Paynesgrau und Weiß gleichzeitig mit dem Pinsel aufnehmen. Danach das Herz mit einem Mischton aus Paynesgrau und Weiß kolorieren. Dabei zum Herzrand hin reines Paynesgrau und einen weißen Lichtreflex in die noch feuchte Farbe malen. Die Markierungen für die Lämpchen vorsichtig mit einem Cutter sternförmig einstechen und die Lämpchen von hinten nach vorne durch die Leinwand führen. Fixieren Sie die Lämpchen auf der Bildrückseite mit Heiß- oder Silikonkleber.

Tipp: Wenn Ihre Leinwand einen Zwischensteg hat, kann es notwendig sein, die Lämpchenpositionen entsprechend zu versetzen oder den Zwischensteg zu entfernen. Ein Keilrahmen dieser Stärke verliert deshalb nicht an Stabilität.

Glückwünsche zur Hochzeit mal anders

Material:

- Keilrahmen, 30 x 60 cm
- Acrylfarbe: silber, weiß
- feine Strukturpaste
- silberne Seiden-Konturenfarbe
- silberne Magic Art Transferfolie
- Folienkleber
- Embossing Pen
- transparentes Stempelkissen
- silberner Sternenstaub (Embossing-Pulver)
- Stempel: „Herzlichen Glückwunsch", „Ringe"

Grundieren Sie die Leinwand zweimal in Silber. Nach dem Trocknen mit einem Spachtel stellenweise Folienkleber auftragen und die Transferfolie gemäß Herstellerangaben aufbringen. Nun zwei weiße Herzen aufmalen. Dabei jeweils in der rechten Herzhälfte etwas Silber ergänzen. Im unteren Bildbereich einen ca. 10 cm hohen Rand abkleben und diesen mit feiner Strukturpaste weiß ausmalen. Umranden Sie die Herzen mit silberner Konturenfarbe und setzen Lichtpunkte. Anschließend den Schriftzug mit einem Embossing Pen in den unteren Bereich schreiben und die Motive seitlich davon aufstempeln. Das Ganze mit silbernem Sternenglanz bestreuen und überschüssiges Pulver wegpusten. Zum Schluss die Schrift und die Stempelabdrucke mit einem Heißluftgerät erhitzen.

Tipp: Alternativ zum Embossing Pen können Sie einen silbernen Lackmaler oder die Konturenfarbe verwenden.

Susanne + Michael
15. August '05

Eisenherzen

Material
- 3 Keilrahmen, 20 x 20 cm
- Strukturpaste
- Ferro Stahlfarbe
- silberne Prägefolie
- Backpapier
- 8 silberne Polsternägel
- silberne Metallkette mit feinen Gliedern, 20 cm lang

Zeichnen Sie ein ca. 8 cm großes Herz auf Papier und legen es auf die Prägefolie. Drei Herzen durch Nachfahren der Konturen mit einem Kugelschreiber auf die Folie übertragen. Nun Backpapier über die Folie legen und die Wörter „Harmony", „Passion" und „Love" in je ein Herz schreiben. Auf alle Leinwände Strukturpaste auftragen und mit einem Spachtel glatt ziehen. Die Herzen ausschneiden, jeweils mittig auf den Leinwänden platzieren und leicht andrücken. Nach dem Trocknen mit einem Pinsel die Leinwände um die Herzen herum mit Ferro Stahlfarbe bestreichen. Die Metallkette in vier 5 cm lange Teile trennen. Die Leinwände nebeneinander legen und durch die Metallketten miteinander verbinden. Hierzu je einen Polsternagel durch die letzten Kettenglieder stecken und in die Keilrahmen schlagen.